AF281479

Sandra Aengenheyster

Kommunikation trifft auf IT

Verständliche Inhalte für
Ihre Benutzerinnen und Benutzer
erstellen

Impressum

Bibliografische Information der Deutschen Nationalbibliothek:
Die Deutsche Nationalbibliothek verzeichnet diese Publikation in der
Deutschen Nationalbibliografie; detaillierte bibliografische Daten
sind im Internet über http://dnb.dnb.de abrufbar.

Herstellung und Verlag: BoD – Books on Demand, Norderstedt

ISBN: 9783757885946

Inhaltsverzeichnis

I

Vorwort

Mit dem Buch „Kommunikation trifft auf IT. Verständliche Inhalte für Ihre Benutzerinnen und Benutzer erstellen" wird Ihre IT-Abteilung zu einem erfolgreicheren Kommunikationsteam. Sie werden es schaffen, Ihre Benutzerinnen und Benutzer in den Mittelpunkt zu stellen, indem Sie deren Brille aufsetzen, verstehen, wie die Welt aus ihrer Sicht aussieht, und sie somit bei ihrer täglichen Arbeit bestmöglich unterstützen.

Mündige, gut informierte Benutzer sind bessere Benutzer! Schließlich sind mündige Benutzerinnen und Benutzer weniger auf den IT-Support oder den Kundendienst angewiesen. Das spart Zeit und Ressourcen für alle Beteiligten, sowohl für die Benutzerinnen und Benutzer als auch für das IT-Team. Darüber hinaus sind mündige, befähigte Benutzerinnen und Benutzer effizienter, weil sie oft mehr aus den Tools oder Diensten herausholen können, wenn sie besser wissen, wie sie diese nutzen können.

Es ist an der Zeit, den Reifegrad Ihrer Serviceorganisation auf ein neues Niveau zu heben. Nicht nur durch beeindruckende, innovative Technologie, sondern auch durch professionellen Support und die Konzentration auf die Benutzererfahrung. Und wissen Sie, was das Beste daran ist? Die Erfahrung Ihrer Benutzerinnen und Benutzer und die Zufriedenheit Ihrer Kolleginnen und Kollegen steigt!

Stellen Sie sich vor, Sie könnten komplizierte technische Konzepte so verpacken, dass alle sie verstehen. Oder neue Dienste so präsentieren, dass alle sie nutzen möchten. Klingt gut? Dann ist dieses Buch genau das Richtige für Sie und Ihr Team!

In diesem Buch werden Sie wertvolle Fähigkeiten erwerben:

- **Kommunizieren Sie mit Ihrem Zielpublikum:** Lernen Sie Ihre Nutzerinnen und Nutzer kennen und sprechen Sie ihre Sprache.

- **Klare, verständliche Inhalte erstellen:** Übersetzen Sie IT-Fachjargon in Worte, die jede und jeder versteht.

- **Visualisierung und Strukturierung:** Informationen zugänglicher und wirksamer machen.

- **Finden und gefunden werden:** Verwenden Sie Schlüsselwörter und Schlüsselsätze, um Ihre Inhalte sichtbar zu machen.

- **Kontinuierliche Verbesserung:** Nutzen Sie das Feedback zur ständigen Weiterentwicklung Ihrer Inhalte.

Das Buch bietet greifbare Lernerfahrungen, die Ihre Kommunikationsfähigkeiten stärken, die Zufriedenheit Ihrer Nutzer erhöhen und eine engere Bindung zu ihnen aufbauen werden.

Mein besonderer Dank gilt den Menschen, die durch Korrekturlesen und Inspiration zu diesem Buch einen wichtigen Beitrag geleistet haben. Danke Karin Deuser, Ina Ferber, Susanne Ferber und Marc Aengenheyster.

Seien Sie der Change-Maker in Ihrer IT-Organisation und beginnen Sie Ihre Reise zu einer besseren IT-Kommunikation.

Auf https://aengenheyster.com/ebook/ finden Sie eine Übersicht mit weiterführender Literatur, Linktipps, Vorlagen und Praxisbeispielen.

Einführung

Das Buch „Kommunikation trifft auf IT. Verständliche Inhalte für Ihre Benutzerinnen und Benutzer erstellen" ist vor allem darauf ausgerichtet, die Kluft zwischen der komplexen, technischen Welt der IT und den Endnutzerinnen und -nutzern zu überbrücken, die täglich mit diesen Technologien interagieren.

Wirksame Kommunikation ist ein wirkungsvolles Instrument. Sie hat die Macht, Beziehungen aufzubauen, Vertrauen zu fördern und ein starkes Verhältnis zwischen Menschen zu schaffen. In einem geschäftlichen Umfeld kann eine gute Kommunikation zu einem besseren Kundenservice, einer höheren Kundenzufriedenheit und einem positiven Ruf für das Unternehmen führen. Für IT-Fachleute, insbesondere für diejenigen, die an der Erstellung von Wissensartikeln für Endbenutzerinnen und -benutzer beteiligt sind, spielt eine effektive Kommunikation eine entscheidende Rolle.

Oft herrscht die Vorstellung, dass die IT-Abteilung eine Gruppe hochspezialisierter Personen ist, die eine Sprache sprechen, die nur sie verstehen können. Diese Wahrnehmung kann zu einer Trennung zwischen dem IT-Team und dem Rest des Unternehmens führen, was in Frustration, Missverständnissen und sogar Produktivitätseinbußen resultiert. So muss es nicht sein.

Stellen Sie sich ein Szenario vor, in dem Ihr IT-Team komplexe technische Konzepte für nicht-technische Benutzerinnen und Benutzer klar erklären kann. Stellen Sie sich vor, dass Ihre Benutzerinnen und Benutzer die Software und Dienste Ihres Unternehmens selbstbewusst nutzen können, weil sie verstehen, was sie tun. Dieses Szenario ist mit guter Kommunikation durchaus möglich.

Dieses Buch soll IT-Fachleuten helfen, die notwendigen Fähigkeiten und Techniken zu entwickeln, um effektiv mit Ihren Benutzerinnen und Benutzern zu kommunizieren. Sie lernen, wie Sie Informationen so strukturieren, dass sie leicht verständlich sind, wie Sie visuelle Hilfsmittel effektiv einsetzen und wie Sie Ihre Inhalte so gestalten, dass sie eine optimale Benutzerinteraktion ermöglichen. Darüber hinaus erhalten Sie Einblicke in die die Wichtigkeit der Überprüfung und Aktualisierung von Inhalten, die Integration von Feedback-Mechanismen und die Berücksichtigung von rechtlichen und Compliance-Aspekten in Ihrer Kommunikation.

Am Ende des Buches werden Sie nicht nur in der Lage sein, Wissensartikel zu erstellen, die für Ihre Benutzerinnen und Benutzer verständlich und zugänglich sind, sondern Sie werden auch dazu beitragen, den Ruf Ihrer IT-Abteilung zu verbessern. Eine Abteilung, die als ansprechbar, hilfsbereit und eine wichtige Ressource für das Unternehmen angesehen wird und nicht als isolierte, missverstandene Gruppe.

Wir wollen das Image der IT verändern. Lassen Sie uns durch effektive Kommunikation stärkere Beziehungen aufbauen. Lassen Sie uns gemeinsam die Serviceerfahrung verbessern und die positive Wahrnehmung Ihrer IT-Abteilung steigern. Willkommen auf Ihrer Reise zu einer besseren IT-Kommunikation!

1. Das Publikum verstehen

Vor der Erstellung von Inhalten ist es wichtig zu verstehen, wer sie nutzen wird. Ermitteln Sie, wer Ihre Zielgruppen sind, wie gut ihr technisches Wissen ausgeprägt ist und welche Bedürfnisse an Informationen sie haben. Dadurch wird sichergestellt, dass die erstellten Inhalte für die Endnutzer relevant, zugänglich und nützlich sind.

Bevor Sie mit dem Schreiben beginnen (wir gehen hier vor allem von elektronischen Inhalten aus, die zum Beispiel im Intranet oder anderen elektronischen unternehmensinternen Kanälen vorhanden sind), ist es wichtig, dass Sie Ihr Publikum kennen. Dies bildet die Grundlage für Ihren Wissensartikel[1] und hilft Ihnen, Ihre Informationen und Ihre Sprache so zu strukturieren, dass sie den Bedürfnissen Ihrer Leserinnen und Leser am besten entsprechen. Um Ihre Zielgruppe zu verstehen, müssen Sie wissen, wer sie ist, welche Fähigkeiten sie hat, was sie wissen muss und wie sie die Informationen nutzen wird.

Wie wir wissen, sind mündige Benutzer bessere Benutzer! Schließlich sind mündige Benutzerinnen und Benutzer weniger auf den IT-Support oder den Kundendienst angewiesen. Das spart Zeit und Ressourcen für alle Beteiligten - sowohl für die Benutzerinnen und Benutzer als auch für das IT-Team. Darüber hinaus sind befähigte Benutzerinnen und Benutzer effizienter, weil sie oft mehr aus den Tools oder Diensten herausholen können, wenn sie besser wissen, wie sie sie nutzen können.

---

[1] Für Videos oder E-Learnings und ebenso für gedruckte Produkte wie z.B. Plakate sind andere Herangehensweisen relevant. Wir gehen hier von geschriebenen, vorrangig elektronischen Informationen aus. Diese können in Form von Intranet-Artikeln in Unternehmensportalen, aber auch als elektronische Dokumente (PDF-Anleitungen) vorliegen.

Was ist ein „mündiger Nutzer" oder eine „mündige Nutzerin"?

Mündige Nutzerinnen und Nutzer sind solche, denen das Wissen, die Ressourcen und die Werkzeuge zur Verfügung gestellt wurden, die sie benötigen, um eine Software, einen Dienst oder eine Technologie effektiv und unabhängig zu nutzen. Sie haben ein solides Verständnis davon, wie sie sich in der IT-Landschaft, mit der sie interagieren, zurechtfinden, können Aufgaben ausführen und grundlegende Probleme selbständig lösen.

Mündige Benutzerinnen und Benutzer können zu starken Verbündeten für die IT-Abteilung werden. Die Wahrscheinlichkeit, dass sie grundlegende Hilfe benötigen, ist geringer, so dass sich das IT-Personal auf komplexere Probleme und strategische Initiativen konzentrieren kann. Wenn die Benutzerinnen und Benutzer mehr Befugnisse haben, werden sie proaktiver, sind bei der Fehlerbehebung weniger auf die IT-Abteilung angewiesen und können oft aufschlussreiches Feedback geben, das zu Systemverbesserungen beiträgt.

Effizienz ist ein weiterer wichtiger Vorteil. Mündige Benutzerinnen und Benutzer wissen, wie eine Technologie oder Software optimal zu nutzen ist, und können so Aufgaben schneller und effektiver erledigen. Sie werden nicht durch Missverständnisse oder mangelndes Wissen über die optimale Nutzung der Technologie gebremst. Sie können reibungslos durch die Systeme navigieren, ihre Ziele erreichen und zur allgemeinen betrieblichen Effizienz beitragen.

Die Zufriedenheit mit den Diensten, also Servicedienstleistungen, aber auch technischen Werkzeugen, nimmt bei den mündigen Nutzerinnen und Nutzern tendenziell zu. Sie haben das Gefühl, mehr Kontrolle über ihre Interaktion mit der Technologie zu haben, was zu einer positiveren Anwendungserfahrung führt. Diese Zufriedenheit kann sich auch auf ihre Sichtweise der IT-Abteilung ausweiten, da sie die IT-Abteilung als Unterstützer und Förderer und nicht nur als Problemlöser – oder gar -Verursacher - sehen.

Schließlich ermöglichen mündige Benutzerinnen und Benutzer auch schnellere Veränderungen bei der Nutzung von Technologie. Wenn sie die aktuellen Systeme gut verstehen, können sie sich besser an Upgrades oder technologische Veränderungen anpassen. Sie können neue Konzepte leichter erfassen und sind eher bereit, sich auf Veränderungen einzulassen, was die digitale Transformation reibungsloser und erfolgreicher machen kann.

Insgesamt ist ein mündiger Benutzer oder eine mündige Benutzerin ein Segen für jede Organisation, da er oder sie nicht nur die eigene Produktivität, sondern auch die Effizienz und den Ruf der IT-Abteilung unterstützt.

Identifizierung des Publikums

Dies ist Ihr erster Schritt. Schreiben Sie für neue Mitarbeiterinnen und Mitarbeiter, für erfahrene Fachleute oder für ein gemischtes Publikum? Dies hat direkten Einfluss auf die Tiefe und Komplexität der Informationen, die Sie bereitstellen. Bei Texten für neue Mitarbeiterinnen und Mitarbeiter kann es sich zum Beispiel um grundlegende Übersichten und Definitionen handeln, während Inhalte für erfahrene Fachleute komplexe Prozesse und fortgeschrittene Funktionen behandeln können.

Erkennen von Qualifikationsniveaus

Machen Sie sich die Bandbreite der Fähigkeiten Ihrer Zielgruppe bewusst. Nicht alle haben den gleichen Kenntnisstand, daher ist es wichtig, ein Gleichgewicht zu finden, um so viele Leserinnen und Leser wie möglich anzusprechen. Das kann bedeuten, dass Sie Neulingen den Fachjargon erklären oder den Kontext erläutern, während Sie gleichzeitig technische Details oder fortgeschrittene Tipps für die erfahreneren Leserinnen und Leser einbeziehen.

Bedürfnisse aufdecken

Warum wird Ihr Publikum Ihren Artikel lesen? Welche Informationen sucht es? Die Antworten auf diese Fragen helfen Ihnen, den Inhalt so zu gestalten, dass er den größten Nutzen bietet. Das könnte bedeuten, dass Sie sich auf die Behebung häufiger Probleme konzentrieren, einen Prozess Schritt für Schritt durchgehen oder erklären, wie man eine neue Funktion nutzt.

Praxistipp:

Es ist eine Herausforderung, für ein heterogenes Publikum zu schreiben, das unterschiedliche Kenntnisse und Erfahrungen mitbringt. Ein sensibles Gleichgewicht ist hier gefragt: Zu einfache Erklärungen können bei einigen das Gefühl erzeugen, herablassend behandelt zu werden, während komplizierte Ausführungen andere Nutzerinnen und Nutzer überfordern und sie sich verloren fühlen können.

Eine effektive Strategie kann es sein, Informationen in zwei Kategorien zu unterteilen: „Für Einsteiger" und „Für Fortgeschrittene". Durch diese Kategorisierung fühlen sich Neulinge nicht überwältigt und erfahrene Nutzerinnen und Nutzer nicht unterfordert. Jeder und jede hat die Möglichkeit, den für ihn oder sie passenden Informationsgehalt zu wählen, und das stärkt das Vertrauen in die bereitgestellten Inhalte.

Bestimmung der Verwendung

Ist Ihr Publikum auf der Suche nach einer schnellen Antwort auf ein Problem, oder möchte es ein tieferes Verständnis erlangen? Daran können Sie das Format und die Tiefe Ihrer Inhalte ausrichten. Kurzreferenzen, FAQs (häufig gestellte Fragen, englisch: „Frequently Asked Questions") oder Artikel zur Fehlerbehebung sind für diejenigen geeignet, die sofortige Lösungen suchen, während umfassende Leitfäden oder Tutorials am besten für diejenigen geeignet sind, die ein tieferes Verständnis wünschen.

Hinweis: Häufig werden Zielgruppen anhand von Tätigkeitsfeld oder Hierarchie identifiziert. Aus Sicht der Notwendigkeit zur Information oder Qualifikation ist dies nicht immer hilfreich. Eine Managerin, die eine bestimmte Rolle in einem elektronischen, neu eingeführten Freigabeprozess einnimmt, muss ebenso trainiert werden, wie ein Teammitglied, das den Prozess startet. Beide müssen den Prozess verstehen und in der Nutzung des Werkzeuges trainiert werden. Beide müssen den Mehrwert der neuen Lösung verstehen.

Beispiele:

Wie Sie es machen können

- **Umfragen und Feedback:** Nutzen Sie Umfragen oder Feedback-Formulare, um Erkenntnisse über Ihr Publikum zu gewinnen. Eine kurze Umfrage, die an potenzielle, eventuell handverlesene Nutzerinnen und Nutzer geschickt wird, kann Ihnen zum Beispiel helfen, deren Fähigkeiten und Bedürfnisse zu verstehen und herauszufinden, wie sie Ihre Inhalte nutzen wollen.

- **Benutzer-Personas:** Entwickeln Sie User Personas, die die verschiedenen von Ihnen identifizierten Zielgruppen repräsentieren. Zum Beispiel könnte „Neue Mitarbeiterin Nina" neue Mitarbeitende repräsentieren, die mit Ihren Systemen und Prozessen nicht vertraut sind, während der „Erfahrene Erik" langjährige Mitarbeiterinnen und Mitarbeiter repräsentieren könnte, die mit den Besonderheiten des Unternehmens bzw. einer bestimmten Rolle innerhalb eines Bereiches vertraut sind.

Was Sie vermeiden sollten

- **Die Annahme, dass eine Lösung für alle passt:** Vermeiden Sie es, Inhalte zu schreiben, die nur ein bestimmtes Segment Ihres Publikums ansprechen. Es ist zwar unmöglich, es mit einem einzigen Artikel allen recht zu machen, aber Sie sollten sich um ein Gleichgewicht bemühen, das den Inhalt für möglichst viele Leserinnen und Leser zugänglich und nützlich macht.

- **Nutzer-Feedback ignorieren:** Es ist ein schweres Versäumnis, das Feedback der Nutzerinnen und Nutzer nicht zu berücksichtigen. Nutzerfeedback ist eine unschätzbare Quelle für Informationen darüber, was Ihr Publikum wirklich braucht und wie Sie Ihre Inhalte verbessern können, um diese Bedürfnisse besser zu erfüllen. Sie sollten immer über Mechanismen verfügen, um dieses Feedback zu sammeln und auszuwerten. Und natürlich sollten Sie aus den Ergebnissen konsequent handfeste Maßnahmen ableiten.

- **Annahmen und Vorurteile:** Insbesondere bei der Verwendung von Personas ist es wichtig, diese anhand von Stichproben o.ä. zu überprüfen, denn sonst wandelt man im Reich der unbegründeten Annahmen und Vorurteile.

2. Technische Kenntnisse

Die Autorinnen und Autoren müssen die Dienste und die Software, über die sie schreiben, in- und auswendig kennen. Dazu gehört die Kenntnis der Merkmale, Funktionen und bewährten Verfahrensweisen derselben.

Das zweite Schlüsselelement für die Erstellung wirksamer Wissensartikel ist die Aneignung eingehender Kenntnisse über die Technologie und die internen Prozesse, über die Sie schreiben. Um komplexe Informationen verständlich darstellen zu können, müssen Sie sie zunächst gründlich verstehen. Dazu gehört, dass Sie nicht nur die Merkmale und Funktionen der Technologie verstehen, sondern auch, wie Aufgaben und Prozesse innerhalb des Unternehmens ausgeführt werden, oder anders gesagt, die betrieblichen Abläufe und Verbindungen, die das Unternehmen am Laufen halten.

In der Realität ist es meist nicht möglich oder zu zeitaufwändig, sich bis auf ein detailliertes Niveau mit allen Gegebenheiten vertraut zu machen. Nutzen Sie als Person, die die „Übersetzung" der Technologie oder Prozesse für die Nutzer und Nutzerinnen ausführt, daher die Gelegenheit, den Fachleuten, die eine Software oder den Prozess entwickelt haben, Löcher in den Bauch zu fragen:

- „Woher kommt diese Information?"

- „Wer erhält diese Information, wenn ich nun auf ‚Bestätigen' klicke?"

- „Warum muss ich da jetzt auf diesen Button klicken?"

- „Wo kann ich den aktuellen Stand oder den Fortschritt des Vorganges einsehen?"

- „Werde ich benachrichtigt, wenn ich etwas tun muss?"

- „Was bedeutet dieses oder jenes?"

Die Naivität des ersten Eindruckes oder der „Blick von außen" kann hilfreich sein, um einen unverstellten Blick auf neue Prozesse oder Software zu werfen und in hilfreiche Information für Ihre Zielgruppen zu verwandeln.

Folgende Faktoren sollten zusätzlich betrachtet werden. Falls sie nicht zutreffen, bewusst ignorieren. Und falls Sie die Liste erweitern möchten, nur zu!

Software- und Dienstleistungsverständnis

Nachdem Sie sich ein solides Verständnis der Funktionen, allgemeinen Probleme und bewährten Verfahren verschafft haben, verwenden Sie die Software oder den Dienst einige Zeit lang, um deren Funktionen, Stärken und Schwächen vollständig zu erfassen. Sprechen Sie bei Bedarf mit Produktentwicklerinnen oder Service-Managern, um einen tieferen Einblick zu erhalten. Das verwendete Vokabular klingt hier möglicherweise ungewohnt. Aber interne IT-Dienstleistungen sind Dienstleistungen, die die Geschäftstätigkeit unterstützen.

Interne betriebliche Abläufe und Prozesse

Machen Sie sich mit den internen Prozessen vertraut, die mit der Technologie oder Dienstleistung zusammenhängen. Lernen Sie die Abfolge der Aufgaben und Zuständigkeiten, die beteiligten Rollen, die verwendeten Tools oder Systeme und die Ergebnisse in jeder Phase kennen. Wenn Sie den gesamten Arbeitsablauf kennen, können Sie den Kontext erläutern, erklären, wie die einzelnen Teile in das größere Puzzle passen, und Ihren Leserinnen und Lesern eine ganzheitlichere Sicht vermitteln.

Abteilungsübergreifende Interaktionen und Schnittstellen

Verstehen Sie, wie verschiedene Abteilungen oder Teams miteinander und mit der Technologie oder dem Prozess interagieren. Wer initiiert den Prozess, wer führt ihn aus, wer überwacht ihn und wer ist Endnutzerin oder -nutzer? Diese Informationen tragen dazu bei, ein klares Bild des Prozessablaufs zu vermitteln und die Rollen und Zuständigkeiten der verschiedenen Teams in diesem Prozess zu verdeutlichen.

Fehlersuche und Problemlösung

Umfassendes technisches und verfahrenstechnisches Wissen setzt voraus, dass Sie die häufigsten Probleme und Fehler kennen und wissen, wie man sie beheben kann. Diese Informationen sind von unschätzbarem Wert für die Erstellung hilfreicher Informationen, insbesondere für Anleitungen zur Fehlerbehebung und FAQs (häufig gestellte Fragen).

Beispiele:

Wie Sie es machen können

- **Praktische Erfahrung:** Wann immer es möglich ist, sollten Sie aus erster Hand Erfahrungen mit der Technologie oder dem Prozess sammeln, über den Sie schreiben. Die Verwendung der Software, die Teilnahme am Prozess oder die Begleitung von

Mitarbeitenden können Ihnen Einblicke geben, die Sie sonst nicht erhalten würden.

- **Prozess-Mapping/ Visualisierung:** Erstellen Sie eine visuelle Darstellung des Prozesses. Eine Prozesslandkarte kann Ihnen und Ihren Lesern helfen, die Abfolge der Aktivitäten, die beteiligten Akteure und die gegenseitigen Abhängigkeiten zu verstehen.

Was Sie vermeiden sollten

- **Vernachlässigen von Details:** Beschönigen Sie nicht die Feinheiten des Prozesses oder die fortgeschrittenen Funktionen der Technologie. Sie wollen Ihre Leser zwar nicht überfordern, aber wenn Sie wichtige Informationen auslassen, können Sie ihnen das nötige Verständnis vorenthalten.

- **Isoliertes Lernen:** Vermeiden Sie es, die Technologie oder den Prozess isoliert kennen zu lernen. Zu verstehen, wie sie in das größere Ökosystem des Unternehmens passt, ist genauso wichtig wie die Kenntnis der Details der Technologie oder des Prozesses selbst.

3. Schreibfertigkeit

Technischen Expertinnen und Experten fällt es oft schwer, komplexe Konzepte in einfacher, verständlicher Sprache zu vermitteln. Es ist eine Frage der Übung und des Feedbacks, wie man klar und prägnant schreibt und einfache Sprache verwendet. Dazu gehören die Verwendung des Aktivs, die Vermeidung von Fachjargon und die Erläuterung aller notwendigen Fachbegriffe.

Beim Verfassen von Wissensartikeln sind Ihre Fähigkeiten, sich verständlich auszudrücken, von großer Bedeutung. Es reicht nicht aus, über fundierte technische und prozessuale Kenntnisse zu verfügen. Sie müssen auch in der Lage sein, diese komplexen Ideen so auszudrücken, dass sie für Ihr Publikum leicht verständlich sind. In diesem Kapitel geht es um die Verbesserung Ihrer schriftlichen Kommunikation, damit Sie Ihre Wissensartikel effektiver gestalten können.

Klartext

Halten Sie Ihre Texte einfach und klar. Ihre Leserinnen und Leser verfügen vielleicht nicht über das gleiche Fachwissen wie Sie, daher sollten Sie Fachausdrücke nach Möglichkeit vermeiden. Wenn Fachbegriffe unvermeidlich sind, sollten Sie sie in einfacher Sprache definieren. Das gilt auch für Anglizismen, also englische Fachausdrücke, die in den allgemeinen deutschen Sprachgebrauch eingeflossen sind (oder in jede andere Sprache, die im Unternehmen verwendet wird). Sollten Sie keinen muttersprachlichen Ersatz finden, dann erklären Sie die Bedeutung.

Aktive Formulierung

Verwenden Sie Aktiv- statt Passivsätze. Sätze im aktiven Sprachgebrauch sind oft einfacher und leichter verständlich. Sie vermitteln eine klare Vorstellung davon, wer was tut, und machen Ihre Inhalte ansprechender und zugänglicher. Auch die Verwendung des anonymen und distanzierten „man" sollten Sie vermeiden. Schreiben Sie stattdessen, wer konkret etwas tut oder fragt, oder sprechen Sie die Kolleginnen und Kollegen direkt an. Ob „Sie" oder „Du" hängt dabei von der Unternehmenskultur ab.

Logischer Aufbau

Eine logische und klare Struktur erhöht die Verständlichkeit Ihres Inhalts. Teilen Sie komplexe Inhalte in kleinere, überschaubare Abschnitte auf. Verwenden Sie Überschriften und Zwischenüberschriften, um Ihre Leserinnen und Leser durch den Artikel oder die Inhalte zu führen.

Fassen Sie sich kurz

Vermeiden Sie unnötige Wörter oder Sätze. Fassen Sie sich so kurz wie möglich und vermitteln Sie dennoch die notwendigen Informationen. So wird Ihr Inhalt leichter verdaulich und Sie gehen sorgsam mit der Zeit Ihrer Zielgruppe um. Vermeiden Sie Schachtelsätze und zu lange Sätze. Das macht die Inhalte unübersichtlich und schwerer verständlich.

Konsistenz

Behalten Sie in Ihrem Artikel einen einheitlichen Ton und Stil bei. Einheitlichkeit hilft Ihren Leserinnen und Lesern, dem Text zu folgen, und verleiht Ihrem Inhalt eine professionellere Wirkung. Das gilt auch für die Terminologie: Wenn Sie etwas mit einem bestimmten Namen bezeichnen, sollten Sie diesen im gesamten Artikel und auch in der gesamten Kommunikation beibehalten.

Corporate Identity

Machen Sie sich mit den Vorgaben Ihres Unternehmens vertraut, sofern vorhanden. Nutzen Sie beispielsweise die Verwendung des Firmennamens (und Logos) so, wie Ihre Unternehmenskommunikation dies festgelegt hat.

 Praxistipp:

Die meisten internen Kommunikationsabteilungen sind gerne bereit, sich Ihre erstellten Inhalte anzusehen und Feedback zur Verbesserung des Aufbaus oder der Verständlichkeit zu geben. Nutzen Sie diese Gelegenheit zum eigenen Wissensaufbau und zum Netzwerken!

Beispiele:

Wie Sie es machen können

- **Verwendung von vereinfachenden Analogien:** Wenn Sie komplexe Ideen erklären, können Sie sie mit einfacheren, alltäglichen Konzepten in Beziehung setzen, um sie leichter zu verstehen. Sie könnten zum Beispiel ein Computernetzwerk als ein Netz von Straßen erklären, auf denen sich Daten bewegen, wobei Router wie Ampeln sind, die den Daten den Weg weisen.

Hinweis: Optimal ist die Verwendung von Beispielen aus dem realen Arbeitsalltag. Person X (in der Rolle Y, Abteilung Z) sieht sich vor folgender Aufgabe. Beschreiben Sie, welches Verhalten zur Bewältigung der Aufgabe führt, welche Fallstricke auf diesem Weg auftauchen könnten und ggf. welche Abkürzungen es für Fortgeschrittene gibt.

- **Informationen gliedern:** Teilen Sie Ihren Inhalt in kleinere Abschnitte auf, die jeweils ein Thema oder eine Idee behandeln. Das hilft Ihren Leserinnen und Lesern, die Informationen zu verdauen und macht Ihren Artikel übersichtlicher.

Was Sie vermeiden sollten

- **Übermäßiger Gebrauch von Fachjargon:** Die Verwendung von zu viel Fachsprache oder Abkürzungen kann Ihre Leser verwirren und abschrecken. Ersetzen Sie den Jargon, wann immer möglich, durch einfachere Begriffe und erklären Sie die verwendeten Abkürzungen. Sie werden übrigens erstaunt sein, wie viele „alte Unternehmenshasen" Abkürzungen nicht mehr erklären können, weil sie sie als gegeben und selbstverständlich akzeptieren und verwenden.

- **Lange, komplizierte Sätze:** Zu lange oder komplexe Sätze können schwer zu verstehen sein und Ihre Leserinnen und Leser verlieren die Aufmerksamkeit. Versuchen Sie, Ihre Sätze kurz und einfach zu halten, mit einer Idee pro Satz.

4. Visuelle Hilfen

Manchmal lassen sich bestimmte Konzepte mit Hilfe von Bildern besser vermitteln als mit Text. Als visuelle Hilfen können Sie Diagramme, Screenshots und Schaubilder effektiv einsetzen. Sie sollten auch lernen, wie Sie diese Hilfsmittel am besten erstellen[2] und in Ihre Inhalte integrieren können.

Visuelle Hilfsmittel sind ein mächtiges Werkzeug in Wissensartikeln. Sie können komplexe Sachverhalte aufschlüsseln, Prozesse veranschaulichen und den Inhalt ansprechender gestalten. Der effektive Einsatz von Bildmaterial kann die Verständlichkeit Ihrer Inhalte verbessern und Ihrem Publikum helfen, die Informationen leichter zu erfassen.

Beispiele:

Wie Sie es machen können

- **Diagramme:** Reduzieren Sie die Menge an dargestellten Daten auf das Wesentliche und nutzen Sie ein konsistentes Farbschema. Jedes Element im Diagramm sollte einen klaren Zweck haben und zur Gesamtbotschaft beitragen. Sorgen Sie außerdem für eine klare Beschriftung und evtl. eine Legende, um das Verständnis zu erleichtern.

- **Bilder:** Wählen Sie Bilder, die den Inhalt direkt unterstützen oder ergänzen. In einem technischen Artikel könnten dies z.B. Screenshots der besprochenen Software, Diagramme von

---

[2] Eine Übersicht (Kurse, Webseiten, Bücher) finden Sie hier: https://aengenheyster.com/ebook/

Prozessen oder spezifische Illustrationen sein. Das Bild sollte dazu beitragen, den Text zu verstärken und nicht als bloßes Füllmaterial dienen.

Was Sie vermeiden sollten

- **Diagramme:** Ein Diagramm, das zu viele Daten, Farben, Schriftarten oder unnötige Details enthält, kann die Betrachterin oder den Betrachter leicht überfordern. Wenn ein Diagramm zu komplex ist und viele verschiedene Informationen gleichzeitig darstellt, kann es für das Publikum schwierig sein, die Kernbotschaft zu erkennen.

- **Bilder:** Ein Bild, das nichts mit dem Inhalt eines Artikels oder einer Information zu tun hat, kann verwirrend sein und den Leser bzw. die Leserin ablenken. Zum Beispiel die Verwendung eines zufälligen Stockfotos in einem technischen Artikel, das keinen direkten Bezug zum Thema hat.

Arten von visuellen Hilfsmitteln

Es gibt viele Arten von visuellen Hilfsmitteln, die Sie verwenden können und die jeweils für verschiedene Arten von Informationen geeignet sind. Diagramme und Flussdiagramme eignen sich hervorragend zur Veranschaulichung von Prozessen oder Arbeitsabläufen. Screenshots können genau zeigen, was der Nutzer sehen soll oder wo er klicken soll. Infografiken können komplexe Informationen vereinfachen, und Tabellen können Daten für einen einfachen Vergleich übersichtlich ordnen.

Beispiele für visuelle Hilfsmittel:

- **Flussdiagramme:** Sie zeigen Prozesse oder Abläufe, wie zum Beispiel den Datenfluss in einem System oder die Schritte zur Fehlerbehebung.

- **(Architektur)skizzen:** Diese bieten eine Übersicht über das Systemdesign oder die Netzwerkstruktur eines Unternehmens.

- **Infografiken:** Kompakte Darstellungen von Daten oder Konzepten, die sowohl informativ als auch ansprechend gestaltet sind.

- **Screenshots:** Bilder direkt aus der Software, versehen mit Anmerkungen oder Hervorhebungen, um bestimmte Funktionalitäten oder Schritte hervorzuheben.

- **Interaktive Demos:** Kleine Anwendungen oder Videos, die zeigen, wie ein Tool oder System in Echtzeit funktioniert.

- **Diagramme:** Zum Beispiel Tortendiagramme, Balkendiagramme oder Liniencharts, um Datenvergleiche oder Trends zu veranschaulichen.

- **Icons & Piktogramme:** Visualisieren und vereinfachen komplexe Konzepte oder Prozesse, indem sie in leicht verständliche Symbole umgewandelt werden.

- **Anleitungen mit Schritt-für-Schritt-Bildern:** Visuelle Anleitungen, die den Benutzer durch einen Prozess führen, oft ergänzt durch kurze Beschreibungstexte.

- **Vergleichstabellen:** Ermöglichen den schnellen Vergleich von Technologien, Produkten oder Funktionen. Auch eine Übersicht der Situation oder Funktionen von „Vorher" zu „Nachher" kann oft hilfreich sein.

- **Mind Maps:** Können genutzt werden, um komplexe Themen zu strukturieren und Zusammenhänge zwischen verschiedenen Bereichen eines Themas zu zeigen.

Bei der Auswahl und Gestaltung der visuellen Hilfsmittel ist es wichtig, stets das Ziel und die Zielgruppe im Auge zu behalten, um sicherzustellen, dass die Informationen klar und effektiv vermittelt werden.

 Praxistipp:

Nutzen Sie zur Erstellung und Darstellung solcher visuellen Hilfen auch die Technologie, die Ihrer Zielgruppe zur Verfügung steht. Beispiel: Wenn Visio-Schaubilder oder Videos nur unter bestimmten Voraussetzungen angezeigt werden können (zum Beispiel nur mit speziell lizensierter, nicht auf Firmengeräten vorinstallierter Software), erreicht die Botschaft die Empfänger nicht - weil sie sie nicht anschauen können.

Beispiele für Visualisierungen:

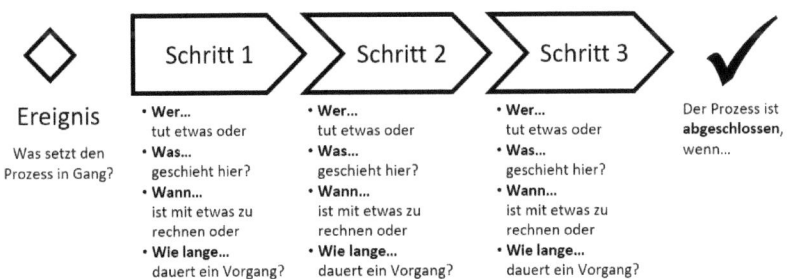

Abbildung 1 Darstellung Schrittfolge vom auslösenden Ereignis bis zur Fertigstellung (eigene Darstellung)

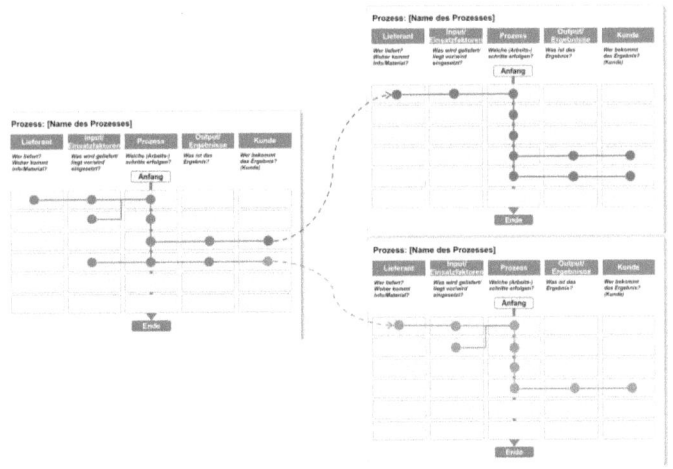

Abbildung 2 Darstellung Zusammenhänge von Prozessen (Verbindungen SIPOCs)[3]

---

[3] Quelle: Praxishandbuch IT-Kommunikation. S. Aengenheyster, K.M. Dörr (Hrsg.), Springer Gabler, Heidelberg 2019, S. 41.

Klares Bildmaterial nutzen

Die Klarheit Ihres Bildmaterials ist von größter Bedeutung. Es sollte qualitativ hochwertig und auf den ersten Blick leicht zu verstehen sein. Achten Sie darauf, dass die Beschriftungen klar und lesbar sind, dass die Farben deutlich und nicht zu aufdringlich sind und dass das Gesamtdesign sauber und nicht zu überladen ist.

 Praxistipp:

Falls Sie Bildmaterial verwenden, achten Sie bitte auf die Nutzungsrechte. In vielen Unternehmen lohnt es sich, auf die Unternehmenskommunikation oder das Marketing zuzugehen, die bereits über für Ihr Unternehmen lizensiertes Bildmaterial verfügen oder Sie bei Illustrationen unterstützen können.

Integration mit Text

Bildmaterial sollte den Text ergänzen und verstärken, nicht ihn ersetzen. Achten Sie darauf, dass Ihre Bilder eng mit dem Text verbunden sind, den sie illustrieren, und fügen Sie immer eine Bildunterschrift oder einen erläuternden Text ein, damit die Leser verstehen, was sie sehen. Dies gilt auch für Screenshots aus Softwaresystemen. Auf jedes Bild oder jede Grafik muss auch im Text verwiesen werden, es sei denn, die Abbildung ist extrem offensichtlich.

Hinweis: Bei Screenshots aus echten Softwaresystemen maskieren Sie möglichst echte Benutzerdaten aus Gründen des Datenschutzes, der Informationssicherheit und des Schutzes der Persönlichkeitsrechte.

Zugänglichkeit (Accessibility)

Denken Sie daran, dass nicht alle Leserinnen und Leser visuelle Inhalte auf die gleiche Weise wahrnehmen können. Alt-Text für Bilder hilft sehbehinderten Leserinnen und Lesern, Ihre Inhalte zu verstehen, diese auf Lesegeräten wiederzugeben, und die Berücksichtigung von Farben für Achromasie (Farbenblindheit) bei der Auswahl Ihrer Farben stellt sicher, dass Ihr Bildmaterial für alle zugänglich ist.

Beispiele:

Wie Sie es machen können

- **Flussdiagramme für Prozesse:** Wenn Sie einen komplexen Prozess erklären, sollten Sie ein Fluss- oder Ablaufdiagramm erstellen, in dem die einzelnen Schritte und die Reihenfolge, in der sie ablaufen sollen, visuell dargestellt werden. Dies kann Lesern und Leserinnen helfen, den Prozess im Detail zu verstehen.

- **Screenshots für Software-Anleitungen:** Wenn Sie erklären, wie man eine Software benutzt, können Screenshots von unschätzbarem Wert sein. Sie zeigen genau das, was Leser und Leserinnen auf ihrem Bildschirm sehen sollten, so dass Ihre Anweisungen leichter zu verstehen sind.

Was Sie vermeiden sollten

- **Übermäßig komplexes Bildmaterial:** Visuelle Hilfsmittel sollten vereinfachen, nicht verkomplizieren. Wenn Ihr Bildmaterial zu unübersichtlich oder schwer zu verstehen ist, kann es die Leser und Leserinnen mehr verwirren als ihnen helfen.

- **Ignorieren der Zugänglichkeit:** Nicht alle Personen können visuelle Inhalte auf dieselbe Weise wahrnehmen. Achten Sie darauf, dass Sie Alt-Text für Bilder verwenden und bei der Wahl der Farben die Farben von Farbenblinden berücksichtigen, damit Ihr Bildmaterial für alle zugänglich ist.

5. Aufbau und Kernfragen für einen guten Informationstext

Die Bedeutung von Informationstexten oder auch Wissensartikeln in der IT kann nicht hoch genug eingeschätzt werden. Sie dienen nicht nur als Informations- und Bildungsquelle für Nutzerinnen und Nutzer, sondern sie können auch dazu beitragen, den Support-Aufwand zu reduzieren, indem sie häufig gestellte Fragen beantworten. Ein gut verfasster Wissensartikel kann einen wesentlichen Unterschied für den Benutzer bzw. die Benutzerin machen, indem er hilft, ein Problem selbstständig zu lösen oder ein besseres Verständnis für ein Tool oder eine Software zu erlangen. Hier ist ein Überblick über den idealen Aufbau und die zu berücksichtigenden Kernfragen.

Titel und Einleitung

Kernfragen:

- Ist der Titel prägnant und beschreibt er das Thema und den Inhalt des Artikels deutlich?
- Welche Hauptinformation oder Lösung wird der Leserin und dem Leser geboten?

Beginnen Sie mit einem klaren, aussagekräftigen Titel und einer kurzen Einleitung, die der Zielgruppe sofort klarmacht, welchen Mehrwert der Artikel bietet.

Problemstellung oder Anliegen

Kernfragen:

- Welches spezifische Problem oder welche Frage wird behandelt?
- Warum ist dieses Thema relevant für den Benutzer bzw. die Benutzerin?

Stellen Sie sicher, dass Leserinnen und Leser verstehen, warum sie diesen Artikel lesen sollten und wie er ihnen helfen kann.

Schritt-für-Schritt-Lösung oder Erklärung

Kernfragen:

- Wie wird die Lösung oder Information in klare, nachvollziehbare Schritte unterteilt?
- Welche Visualisierungen (Bilder, Diagramme, Screenshots) können den Text unterstützen?

Vermeiden Sie technischen Jargon, wo immer möglich, und präsentieren Sie die Informationen in einer klaren, logischen Reihenfolge.

Zusätzliche Tipps und Tricks

Kernfragen:

- Gibt es Nebeninformationen oder alternative Vorgehensweisen, die der Benutzerin oder dem Benutzer helfen könnten?
- Welche weiteren Ressourcen könnten nützlich sein?

Stellen Sie alle zusätzlichen Informationen bereit, die der Zielgruppe helfen könnten, das meiste aus dem behandelten Thema herauszuholen.

Häufig gestellte Fragen (FAQs)

Kernfragen:

- Welche weiteren Fragen könnten beim Lesen des Artikels aufkommen?
- Welche Probleme oder Missverständnisse treten häufig auf?
- Wie können diese proaktiv beantwortet werden?

Indem Sie häufig gestellte Fragen direkt im Artikel beantworten, können Sie viele Support-Anfragen vermeiden.

Abschluss und „Call-to-Action"

Kernfragen:

- Was sollten die Leserinnen und Leser als Nächstes tun?
- Gibt es weitere relevante Informationen oder Support-Kanäle, an die sie sich wenden können?

Beenden Sie den Artikel mit einer klaren Handlungsaufforderung oder weiterführenden Ressourcen.

Feedback-Möglichkeiten

Kernfragen:

- Wie können die Leser und Leserinnen Feedback zu dem Wissensartikel geben?
- Gibt es eine Möglichkeit zur Interaktion, z.B. Kommentare oder Bewertungen?

Das Einholen von Feedback ist essentiell, um die Qualität und Relevanz von Wissensartikeln kontinuierlich zu verbessern.

Zusammenfassung

Ein effektiver Wissensartikel sollte nicht nur informieren, sondern dem Leser und der Leserin klare, durchführbare Schritte bieten, um ein Problem zu lösen oder eine Frage zu beantworten. Mit einem strukturierten Ansatz und dem Beantworten der oben genannten Kernfragen stellen Sie sicher, dass Ihr Artikel sowohl informativ als auch benutzerfreundlich ist.

6. Aufbau und Kernfragen für eine gute und effektive Anleitung

Die Fähigkeit, klare und verständliche Anleitungen zu erstellen, ist in der IT-Kommunikation extrem wichtig. Eine effektive Anleitung kann den Unterschied ausmachen, ob Benutzer und Benutzerinnen ein Produkt nutzen oder nicht. Ob sie es effektiv nutzen oder für jeden Bearbeitungsschritt Hilfe benötigen. Hier schlagen wir einen strukturierten Ansatz vor, um sicherzustellen, dass Ihre Anleitung so effektiv wie möglich ist.

Insbesondere für Anleitungen, die als eigenständiges Dokument (z.B. PDF) ein Eigenleben entwickeln können, ist es wichtig, wiederkehrende Strukturen zu verwenden und Klarheit über das Erscheinungsdatum und die Aktualität der Information zu geben.

Anhang und/oder Fußzeile

- Autorin oder Autor bzw. Ansprechpartnerin/ Ansprechpartner

- Datum der Erstellung des Dokuments

- optional Versionsverzeichnis (Nummer, Datum, Änderungen zur vorherigen Version)

- Version oder Name der behandelten Software oder des Prozesses

Hinweis: Eine Anleitung ist keine technische Dokumentation, in der diese Information meist auf dem Deckblatt zu finden ist. In einer Anleitung steht der Inhalt im Vordergrund, die Versionsinformation dient hier vor allem der Identifikation der Herkunft und Aktualität des Dokumentes und kann daher ans Ende der Information wandern.

Titel, Einleitung und Zielsetzung

Kernfragen:

- Ist der Titel prägnant und beschreibt er das Thema und den Inhalt des Artikels deutlich?

- Was ist das Hauptziel dieser Anleitung?

- Für welche Zielgruppe ist sie bestimmt?

- Welches Vorwissen wird vorausgesetzt?

Beginnen Sie mit einer kurzen Einführung, in der Sie den Zweck der Anleitung beschreiben. Stellen Sie sicher, dass die Leserschaft weiß, was sie am Ende der Lektüre erreicht haben sollte.

Übersicht und Inhaltsverzeichnis

Kernfragen:

- Welche Schritte werden abgedeckt?

- In welcher Reihenfolge sollten sie durchgeführt werden?

Ein klar strukturiertes Inhaltsverzeichnis hilft, sich schnell im Dokument zu orientieren und bei Bedarf zu spezifischen Abschnitten zu springen. In Microsoft- oder HTML-Dokumenten nutzen Sie doch einfach die Möglichkeit, direkt in die Inhalte innerhalb des Dokumentes zu verlinken.

Materialien und Voraussetzungen

Kernfragen:

- Welche Tools, Ressourcen oder Rechte innerhalb der Software sind für die Anwendung erforderlich?

- Gibt es Systemanforderungen oder andere spezielle Voraussetzungen für die Nutzung?

Informieren Sie die Benutzer und Benutzerinnen vorab über alles, was sie benötigen, um die Anleitung problemlos zu befolgen.

Schritt-für-Schritt-Anleitung

Kernfragen:

- Wie wird jeder Schritt optimal visuell und textlich dargestellt?

- Sind alle Schritte in logischer und klarer Reihenfolge?

Nutzen Sie klare, präzise Sprache und vermeiden Sie Fachjargon und Abkürzungen, es sei denn, sie sind für Ihre Zielgruppe angemessen. Unterstützen Sie jeden Schritt mit Screenshots, Diagrammen oder anderen visuellen Hilfsmitteln.

Häufig gestellte Fragen (FAQs) und Problembehandlung

Kernfragen:

- Welche häufigen Probleme oder Fragen könnten beim Befolgen der Anleitung auftreten?

- Wie können diese Probleme gelöst oder Fragen beantwortet werden?

Indem Sie potenzielle Stolpersteine oder auch bekannte oder häufig vorkommende Fehler benennen und Lösungen bereitstellen, erleichtern Sie den Benutzern und Benutzerinnen das Leben erheblich.

Abschluss und weiterführende Ressourcen

Kernfragen:

- Was sollte die Benutzerin oder der Benutzer tun, nachdem er oder sie die Anleitung abgeschlossen hat?

- Wo sind weiterführende Informationen oder Unterstützung zu finden?

Bieten Sie Links zu verwandten Ressourcen, Information zum Support oder weiterführenden internen oder externen Quellen und Informationen an.

Hinweis: Falls Sie auf externe Ressourcen, z.B. Videos, verlinken, stellen Sie sicher, dass die Zielgruppe Zugriff auf diese Informationen hat und sie nicht gegen interne Richtlinien verstoßen.

Feedback-Mechanismus

Kernfragen:

- Wie können Benutzer und Benutzerinnen Feedback zur Anleitung geben?
- Welche Methoden zur Sammlung und Überprüfung dieses Feedbacks werden implementiert?

Das Einholen von Rückmeldungen hilft Ihnen, die Qualität Ihrer Anleitung kontinuierlich zu verbessern. Bieten Sie einen konkreten Feedback-Kanal an. Dies kann eine verlinkte E-Mail-Adresse oder auch ein Teams-Channel sein. Wichtig ist allerdings, dass dieses Feedback auch aktiv bearbeitet wird und nicht unbeachtet bleibt.

Zusammenfassung

Die Erstellung einer effektiven und verständlichen Anleitung erfordert eine klare Struktur, die Berücksichtigung der Benutzerbedürfnisse und die Fähigkeit, potenzielle Fragen oder Probleme vorwegzunehmen. Indem Sie diesen strukturierten Ansatz verfolgen und die oben genannten Kernfragen beantworten, können Sie sicherstellen, dass Ihre Anleitung sowohl für die IT als auch für Anwenderinnen und Anwender nützlich ist.

7. Interaktives Design: Chatbot, Quiz & Co.

Die Erstellung ansprechender, interaktiver Inhalte kann das Nutzererlebnis erheblich verbessern. Richtig gemacht, können interaktive Elemente Benutzern und Benutzerinnen helfen, komplexe Konzepte zu verstehen, das Lernen zu verstärken und den Inhalt interessanter zu gestalten. In diesem Kapitel geht es um die Gestaltung von Artikeln zur Förderung der Benutzerinteraktion.

Verwendung von interaktiven Elementen

Erwägen Sie, interaktive Elemente in Ihre Artikel einzubauen. Dabei kann es sich um Quizfragen zum Verständnis handeln, um interaktive Diagramme, die beim Anklicken weitere Informationen offenbaren, oder auch um einfache anklickbare Registerkarten, mit denen Nutzer und Nutzerinnen durch verschiedene Abschnitte des Inhalts navigieren können.

Für diese Interaktion können Sie auch bereits etablierte Werkzeuge oder Kommunikationskanäle nutzen, z.B. Microsoft Forms für Quiztests oder Umfragen.

Feedback-Mechanismus

Bieten Sie den Nutzerinnen und Nutzern die Möglichkeit, Feedback zu Ihren Artikeln oder Anleitungen zu geben. Dies kann ein einfaches Bewertungssystem mit Daumen hoch/runter, ein Kommentarbereich oder ein detaillierteres Feedback-Formular sein. Dies hilft Ihnen nicht nur zu verstehen, was Sie gut machen und wo Sie sich verbessern können, sondern gibt den Nutzerinnen und Nutzern auch das Gefühl, gehört zu werden und sich mit Ihren Inhalten zu beschäftigen.

Gestaltung der Navigation

Ihr Inhalt sollte leicht zu navigieren und zu finden sein. Dies könnte bedeuten, dass Sie ein klares, übersichtliches Inhaltsverzeichnis haben, dass Sie eine „Breadcrumb"-Navigation[4] verwenden, um Nutzerinnen und Nutzern zu zeigen, wo sie sich im Inhalt befinden, oder dass Sie eine Suchfunktion einbauen, damit die gewünschten Informationen schnell auffindbar sind.

Mobilfreundliches Design

Sofern Ihre Zielgruppe auch über mobile Geräte auf Ihre Inhalte zugreifen wird, sollte Ihr Design responsiv sein. Stellen Sie auch sicher, dass Ihre interaktiven Elemente auf allen Geräten gut funktionieren und dass Ihr Text auch auf kleineren Bildschirmen gut lesbar ist.

Beispiele:

Wie Sie es machen können

- **Interaktive Diagramme:** Wenn Sie ein komplexes Konzept erklären wollen, können Sie ein interaktives Diagramm verwenden. Die Nutzerinnen und Nutzern können mit dem Mauszeiger über verschiedene Teile des Diagramms fahren oder daraufklicken, um

---

[4] Eine „Breadcrumb"-Navigation ist eine Navigationshilfe, die den Nutzern und Nutzerinnen zeigt, wo sie sich innerhalb einer Website oder Anwendung befinden, indem sie den Pfad von der Startseite bis zur aktuellen Seite darstellt. Dies ähnelt den Brotkrumen, die Hänsel und Gretel im Märchen ausgestreut haben, und hilft den Benutzern und Benutzerinnen, ihren Weg zurückzuverfolgen oder zu verstehen, wie die aktuelle Information im Gesamtkontext der Informationen eingeordnet ist. Beispiel: Start →Anleitungen → Software → Microsoft → Outlook.

weitere Informationen zu erhalten, was ihnen hilft, das Konzept in ihrem eigenen Tempo zu verstehen. Viele Lernmanagement-Werkzeuge bieten diese Option an.

- **Schrittweise Darstellung:** Überfordern Sie Ihre Zielgruppe nicht mit zu vielen Informationen auf einmal. Verwenden Sie stattdessen ausklappbare Abschnitte oder anklickbare Registerkarten, um Informationen nach und nach freizugeben, wenn die Leserin oder der Leser bereit dafür ist.

Was Sie vermeiden sollten

- **Schlechtes mobiles Design:** Wenn Ihre Inhalte nicht mobilfreundlich sind, Ihre Kolleginnen und Kollegen aber mit mobilen Geräten arbeiten (z.B. Servicetechniker im Außendienst mit Tablets), könnten Sie einen großen Teil Ihres Publikums frustrieren. Achten Sie darauf, dass Ihre interaktiven Elemente auch auf dem Smartphone oder Tablet gut funktionieren und dass Text und Grafiken auf kleineren Bildschirmen gut lesbar sind.

- **Übermäßiger Einsatz von Interaktivität:** Interaktive Elemente können Ihre Inhalte zwar aufwerten, aber zu viel Interaktivität kann auch ablenken oder überwältigen. Verwenden Sie interaktive Elemente sparsam und nur dann, wenn sie wirklich einen Mehrwert für Ihren Inhalt darstellen.

8. Tags, Schlüsselwörter, Metabeschreibungen

Es ist wichtig, jedem „Stück Information" oder Wissensartikel genaue und beschreibende Tags zuzuweisen. Natürlich nur sofern dies möglich ist, in vielen Content Management Systemen ist es aber sogar unerlässlich. Tags erleichtern die Suche nach bestimmten Informationen in der Wissensdatenbank, da die Nutzerinnen und Nutzer die Suchergebnisse nach diesen Tags filtern können. Darüber hinaus ist die Verwendung geeigneter Schlüsselwörter und Metabeschreibungen im Inhalt selbst entscheidend. Genau wie die Tags sollten auch die Schlüsselwörter die Hauptthemen und -ideen des Artikels widerspiegeln und mit den wahrscheinlichen Suchbegriffen übereinstimmen, die die Nutzerinnen und Nutzer bei der Suche nach diesen Informationen eingeben werden. Die gleiche Logik gilt für Meta-Beschreibungen und die effektive Verwendung interner und externer Links.

In einer internen Wissensdatenbank ist die effektive Verwendung von Tags und Schlüsselwörtern entscheidend für die Auffindbarkeit. Die richtige Verwendung von Tags und Schlüsselwörtern trägt dazu bei, dass Ihre Inhalte von denjenigen gefunden werden, die sie benötigen, wenn sie sie benötigen. Die folgenden Ausführungen gelten natürlich nur für Softwarelösungen, die die Verwendung dieser Funktionen zulassen.

Verstehen von Tags und Schlüsselwörtern

Tags sind Bezeichnungen, die Sie Ihren Inhalten zuordnen, um sie zu kategorisieren, während Schlüsselwörter wichtige Wörter oder Ausdrücke innerhalb Ihrer Inhalte sind, nach denen die Nutzerinnen und

Nutzer wahrscheinlich suchen werden. Sowohl Tags als auch Schlüsselwörter spielen eine wichtige Rolle, Ihre Inhalte in der Wissensdatenbank durchsuchbar zu machen.

Strategische Verwendung von Schlüsselwörtern

Ermitteln Sie die wichtigsten Begriffe in Ihrem Thema und stellen Sie sicher, dass sie in Ihrem Text als Schlüsselwörter vorkommen. Überladen Sie Ihren Inhalt jedoch nicht mit Schlüsselwörtern; sie sollten sich natürlich in Ihren Text einfügen.

Konsistenz

Konsistenz ist der Schlüssel sowohl beim Tagging als auch bei der Verwendung von Schlüsselwörtern und Kategorien. Wenn sich mehrere Artikel mit demselben Thema befassen, sollten sie die gleichen Tags und ähnliche Schlüsselwörter verwenden. Dies hilft nicht nur den Nutzerinnen und Nutzern, alle relevanten Inhalte zu finden, sondern sorgt auch für mehr Ordnung in Ihrer Wissensdatenbank.

Beispiele:

Wie Sie es machen können

- **Häufig verwendete Phrasen als Schlüsselwörter:** Berücksichtigen Sie bei der Festlegung Ihrer Schlüsselwörter die Phrasen, nach denen Nutzerinnen und Nutzer am ehesten suchen würden. Wenn es in Ihrem Artikel zum Beispiel um das Zurücksetzen eines Passworts geht, sollte „Passwort zurücksetzen" eines Ihrer Schlüsselwörter sein.

- **Tags kategorisieren:** Verwenden Sie Tags, um Ihre Inhalte in allgemeine Themen zu kategorisieren. Ein Artikel über die Behebung eines bestimmten Softwarefehlers könnte zum Beispiel mit „Fehlerbehebung" und dem Namen der Software getaggt werden.

Was Sie vermeiden sollten

- **Überfrachtung mit Tags und Schlüsselwörtern:** Wenn Sie Ihren Inhalt mit Tags und Schlüsselwörtern überfrachten, wird er schwieriger zu finden und zu lesen. Verwenden Sie Tags und Schlüsselwörter mit Bedacht, und konzentrieren Sie sich auf die relevantesten und wichtigsten.

- **Inkonsistente Kennzeichnung und Verwendung von Schlüsselwörtern:** Inkonsistenz kann zu Verwirrung führen und das Auffinden von Inhalten erschweren. Wenn Sie damit beginnen, alle Artikel zur Fehlerbehebung mit „Fehlerbehebung" zu taggen, achten Sie darauf, dass Sie dies konsequent für alle relevanten Artikel tun. Dies gilt natürlich auch für das Tagging und die Kennzeichnung in anderen Sprachen.

9. Überprüfen und Aktualisieren von Inhalten

Inhalte müssen aktuell gehalten werden, um nützlich zu bleiben. Legen Sie daher generell fest, wie Sie Ihre Inhalte regelmäßig überprüfen, bei Bedarf aktualisieren und archivieren können, wenn sie nicht mehr relevant sind.

Genauso wichtig wie die Erstellung Ihrer Informationen ist es, deren Relevanz und Genauigkeit im Laufe der Zeit aufrechtzuerhalten. Veraltete oder falsche Informationen können Benutzerinnen und Benutzer verwirren oder zu Fehlern führen. Dieses Kapitel zeigt Ihnen, wie Sie Ihre Inhalte regelmäßig überprüfen und aktualisieren können.

Regelmäßige Überprüfungszyklen

Legen Sie einen Zeitplan für die Überarbeitung Ihrer Informationen fest. Dies kann je nach Art des Inhalts alle drei Monate, alle sechs Monate oder jährlich erfolgen. Zum Teil gibt es bei fertigen Softwarelösungen einen Lebenszyklus und Gültigkeitszeitraum eines Inhaltes, das erleichtert den „Verwaltungsaufwand". Prüfen Sie dann zum festgelegten Zeitpunkt, ob die Informationen veraltet sind, ob es nicht mehr funktionierende Links gibt und ob sich das System oder der Prozess geändert haben.

Informationen aktualisieren

Wenn Aktualisierungen erforderlich sind, stellen Sie sicher, dass der Inhalt genau an den aktuellen Stand des Prozesses, des Systems oder der Dienstleistung angepasst wird. Weisen Sie im Artikel deutlich darauf hin, dass er aktualisiert wurde, und geben Sie bei Bedarf an, welche Änderungen zu welchem Zeitraum vorgenommen wurden.

Archivierung veralteter Inhalte

Wenn eine Information nicht mehr relevant ist, sollten Sie sie archivieren, anstatt sie zu löschen. Auf diese Weise kann sie bei Bedarf leicht wiederhergestellt werden. Stellen Sie sicher, dass Sie ggf. alle Tags oder Kategorien aus archivierten Artikeln entfernen, damit sie nicht in den Suchergebnissen erscheinen.

Benutzer-Feedback

Berücksichtigen Sie regelmäßig das Feedback der Nutzer als Teil Ihres Überprüfungsprozesses. Das Feedback kann Sie auf Fehler, Unklarheiten oder fehlende Informationen in Ihrem Inhalt aufmerksam machen, die Sie dann korrigieren können.

Beispiele:

Wie Sie es machen können

- **Setzen Sie Kalendererinnerungen**: Um regelmäßige Überprüfungen zu gewährleisten, sollten Sie in Ihrem Kalender Erinnerungen einrichten. Diese Erinnerungen werden Sie auffordern, jeden Artikel zum geplanten Datum zu überprüfen.

- **Verwenden Sie ein Versionskontrollsystem**: Wenn Ihre Wissensdatenbank-Software oder Ihr Content Management System dies unterstützt, verwenden Sie ein Versionskontrollsystem. Auf diese Weise können Sie verfolgen, welche Änderungen wann und von wem vorgenommen wurden. Außerdem können Sie so bei Bedarf zu früheren Versionen zurückkehren.

Was Sie vermeiden sollten

- **Nutzer-Feedback ignorieren:** Das Feedback der Nutzerinnen und Nutzer ist eine wertvolle Ressource, um Probleme mit Ihren Inhalten zu erkennen. Wenn Sie es ignorieren oder nicht darauf reagieren, können Ihre Inhalte ungenau, unklar oder unvollständig bleiben.

- **Löschen veralteter Inhalte:** Anstatt veraltete Artikel zu löschen, sollten Sie sie archivieren. Dadurch werden sie aus Ihrer aktiven Wissensdatenbank entfernt, aber Sie können bei Bedarf auf sie zugreifen.

10. Feedback-Mechanismen

Es kann nicht oft genug gesagt werden: Holen Sie das Feedback der Zielgruppe oder Endnutzerinnen und -nutzer ein und werten Sie es als wertvolle Unterstützung, um Ihre Inhalte kontinuierlich zu verbessern. Dazu könnten Benutzertests, Umfragen, Kommentare oder die Einführung eines Bewertungssystems für Informationen oder Artikel gehören.

Feedback ist eine entscheidende Komponente im iterativen Prozess der Erstellung und Verbesserung von Inhalten. Die Einbindung von Feedback-Mechanismen zum Beispiel in Ihre Wissensartikel hilft nicht nur, Lücken und Ungenauigkeiten zu erkennen, sondern fördert auch das Engagement Nutzerinnen und Nutzer. In diesem Kapitel wird die Bedeutung von Feedback-Mechanismen hervorgehoben und erläutert, wie sie effektiv eingesetzt werden können.

Einführung von Feedback-Tools

Es gibt verschiedene Möglichkeiten, Feedback zu sammeln. Dies kann von einfachen „War-dieser-Artikel-hilfreich?"-Umfragen am Ende eines Artikels bis hin zu aufwändigeren Mechanismen wie Kommentarbereichen, Feedbackformularen mit Bewertungsskalen oder einem offenen Feedbackkanal im Intranet oder anderen Interaktionskanal reichen.

Überwachung und Reaktion auf Rückmeldungen

Feedback ist nur dann wertvoll, wenn es überprüft und darauf reagiert wird. Führen Sie eine Routine ein, um das Feedback regelmäßig zu sichten und gegebenenfalls zu reagieren. Selbst wenn eine

Antwort nicht erforderlich ist, kann die Anerkennung des Feedbacks das weitere Engagement der Nutzerinnen und Nutzer fördern.

Iteration auf der Grundlage von Rückmeldungen

Verwenden Sie das Feedback, um Ihre Artikel zu aktualisieren und zu verbessern. Dies kann bedeuten, dass Sie Ungenauigkeiten korrigieren, fehlende Informationen ergänzen oder den Inhalt umstrukturieren, um die Klarheit zu verbessern. Die regelmäßige Aktualisierung von Artikeln auf der Grundlage von Rückmeldungen gewährleistet die Relevanz und Nützlichkeit des Inhalts. Darüber hinaus drückt diese Praxis auch eine gegenseitige Wertschätzung unter Kolleginnen und Kollegen aus. Sie - als Vertreterin oder Vertreter der IT - nehmen Ihre Kolleginnen und Kollegen ernst und unterstützen Sie in der Nutzung von Technologie. Ihre Kolleginnen und Kollegen wiederum melden zurück, an welcher Stelle sie mehr, bessere oder andere Information benötigen.

Zu Feedback ermutigen

Stellen Sie sicher, dass Ihre Feedback-Tools leicht zu finden und zu benutzen sind, und vermitteln Sie den Nutzerinnen und Nutzern, dass ihre Beiträge geschätzt werden. Je bequemer es ist, Feedback zu geben, desto wahrscheinlicher ist es, dass dies auch geschieht.

Beispiele:

Wie Sie es machen können

- **Einfach zu verwendendes Feedback-Formular:** Fügen Sie am Ende eines jeden Artikels ein einfaches Formular ein, in dem Sie den Nutzer oder die Nutzerin fragen, ob der Inhalt hilfreich war, und bieten Sie Platz für Kommentare oder Vorschläge. Bei Anleitungen als Einzeldokument kann dies ein Link auf ein Formular mit vordefinierter Betreffzeile sein.

- **Reagieren Sie auf Kommentare**: Wenn Ihre Wissensdatenbank oder verwendete Software Nutzerkommentare zulässt, gehen Sie aktiv auf diese ein. Beantworten Sie Fragen, danken Sie den Nutzerinnen und Nutzern für ihren Beitrag, und lassen Sie sie wissen, wenn ihr Feedback zu Verbesserungen geführt hat. Bedanken Sie sich für den Kommentar oder Hinweis.

Was Sie vermeiden sollten

- **Ignorieren von Feedback:** Wenn Nutzerinnen und Nutzer das Gefühl haben, dass ihr Feedback nicht berücksichtigt oder beantwortet wird, ist die Wahrscheinlichkeit geringer, dass sie es in Zukunft geben. Mehr noch: Wenn Rückmeldungen nicht beachtet werden, resultiert das in zusätzlicher, größerer Unzufriedenheit. Nehmen Sie Feedback immer zur Kenntnis und nutzen Sie es, um Ihre Inhalte zu verbessern.

- **Komplexe Feedback-Mechanismen:** Wenn es kompliziert oder zeitaufwändig ist, Feedback zu geben, werden die Nutzerinnen und Nutzer es wahrscheinlich nicht tun. Halten Sie Ihre Feedback-Mechanismen einfach und überschaubar.

11. Rechtliche und Compliance-Aspekte

Für bestimmte Arten von Inhalten gibt es möglicherweise rechtliche Anforderungen, die Ihnen bekannt sein sollten. Dazu können Datenschutz- und Privatsphäreregularien, Zugänglichkeitsstandards und unternehmensspezifische Compliance-Regeln gehören.

Beim Verfassen von Wissensartikeln ist es von entscheidender Bedeutung, die rechtlichen Aspekte und die Einhaltung von Vorschriften zu berücksichtigen. Es ist wichtig zu vermeiden, dass versehentlich gegen Gesetze oder Vorschriften verstoßen wird, insbesondere in Bezug auf Datenschutz, Urheberrecht und geistiges Eigentum. In diesem Kapitel geht es darum, diese rechtlichen und Compliance-Aspekte zu verstehen und einzuhalten. Das gleiche gilt für unternehmensspezifische Richtlinien, die branchenabhängig unterschiedlich sein können.

Datenschutz und Privatsphäre

Beachten Sie beim Umgang mit Nutzerdaten stets die Datenschutzgesetze und die internen Datenschutzrichtlinien. Geben Sie in Ihren Artikeln niemals personenbezogene oder vertrauliche Daten preis. Legen Sie im Zweifelsfall die Informationen zur Überprüfung bei Ihrer Rechtsabteilung oder den Datenschutzbeauftragten vor.

Urheberrecht und geistiges Eigentum

Wenn Sie externe Quellen verwenden, vergewissern Sie sich, dass Sie die Rechte zur Nutzung des Inhalts haben, oder dass er unter einer geeigneten Creative-Commons-Lizenz steht. Geben Sie Quellen immer korrekt an, und vermeiden Sie Plagiate. Legen Sie im Zweifelsfall die Informationen zur Überprüfung bei Ihrer Rechts- oder Kommunikationsabteilung vor.

Genaue Darstellung

Wenn Sie über Unternehmensprozesse, Dienstleistungen oder Software schreiben, stellen Sie sicher, dass die Informationen korrekt und aktuell sind. Falsche Angaben können zu rechtlichen Problemen führen, vor allem wenn sie den Nutzerinnen und Nutzern Schaden zufügen oder Verluste verursachen.

Nutzen Sie ggf. Links oder Querverweise auf die Information anderer Bereiche oder Abteilungen, um zu gewährleisten, dass die Information stets aktuell ist.

Konsultation der Rechts- und Compliance-Teams

Wenn Sie sich nicht sicher sind, ob etwas zulässig ist, wenden Sie sich an Ihr Rechts-, Compliance- oder Kommunikationsteam. Die Expertinnen und Experten in Ihrem Unternehmen können Ihnen sagen, was Sie in Ihre Artikel aufnehmen dürfen und was nicht, und bei Formulierungen behilflich sein.

Beispiele:

Wie Sie es machen können

- **Namensnennung:** Wenn Sie ein Diagramm aus einer externen Quelle verwenden, stellen Sie sicher, dass Sie es korrekt benennen. Zum Beispiel: „Diagramm mit freundlicher Genehmigung von [Quelle], verwendet unter einer Creative-Commons-Lizenz".

- **Lassen Sie sich beraten:** Wenn Sie sich nicht sicher sind, ob eine bestimmte Information aufgrund von Datenschutzbedenken aufgenommen werden kann, wenden Sie sich an Ihr Rechts- oder Compliance-Team.

Was Sie vermeiden sollten

- **Offenlegung sensibler Informationen:** Geben Sie in Ihren Artikeln niemals vertrauliche oder sensible Daten preis. Dazu gehören persönliche Details über Nutzerinnen und Nutzer oder geschützte Unternehmensinformationen.

- **Plagiat:** Kopieren Sie keine Inhalte aus externen Quellen ohne Erlaubnis und korrekte Namensnennung. Vergewissern Sie sich immer, dass Sie die Rechte zur Nutzung des Inhalts haben oder dass er unter einer Creative-Commons-Lizenz steht.

12. Aus der Praxis

I. Grenzen überbrücken: Effektive Kommunikation mit internationalen Teams

Die Arbeit mit internationalen Teams stellt eine Reihe von besonderen Herausforderungen an die Kommunikation. Dieses Kapitel zeigt Ihnen, wie Sie mit den kulturellen, sprachlichen und kontextuellen Nuancen umgehen können, um eine effektivere und integrative Kommunikation zu ermöglichen.

Kulturelle Unterschiede verstehen

Jede Kultur hat ihre eigenen Aspekte und Normen. Wenn Sie sich die Zeit nehmen, etwas über den kulturellen Hintergrund Ihrer internationalen Teammitglieder zu erfahren, kann dies das gegenseitige Verständnis erheblich verbessern und ein integrativeres Umfeld fördern.

Klare und einfache Sprache

Halten Sie Ihre Sprache so klar und einfach wie möglich. Vermeiden Sie Redewendungen, Slang und regionalspezifische Ausdrücke, die sich nicht gut übersetzen lassen oder missverstanden werden könnten. Verwenden Sie eine einfache Sprache, die auch von Nicht-Muttersprachlern leicht verstanden werden kann.

Aktives Zuhören und Einfühlungsvermögen

Bei der Kommunikation geht es nicht nur um das Sprechen; das Zuhören spielt eine ebenso wichtige Rolle. Hören Sie Ihren internationalen Kollegen aktiv zu, seien Sie geduldig, wenn sie Schwierigkeiten mit der Sprache haben, und zeigen Sie Einfühlungsvermögen für ihre Erfahrungen und Perspektiven.

Die Technologie nutzen

Verwenden Sie bei Bedarf Übersetzungstools, um das Verständnis sicherzustellen. Denken Sie jedoch daran, dass diese Tools nicht immer 100%ig genau sind, insbesondere bei komplexer Fachsprache, so dass Sie die Übersetzungen unbedingt noch einmal überprüfen sollten. Um jedoch Missverständnisse zu vermeiden, bitten Sie Kolleginnen und Kollegen aus den Ländern um Unterstützung, in denen die Information zum Einsatz kommen soll. Die meisten Sprachen weisen regionale Unterschiede auf, Deutsch, Spanisch, Englisch, Portugiesisch, Mandarin werden in verschiedenen Ländern unterschiedlich gesprochen. Unterschiede in der Förmlichkeit, Redewendungen, im Empfinden von persönlicher Nähe, ja, auch die Direktheit z.B. von Anweisungen können zu Komplikationen führen.

Vermeiden von Annahmen

Gehen Sie nicht davon aus, dass jede und jeder die gleichen kulturellen Referenzen oder den gleichen Wissensstand hat. Seien Sie darauf vorbereitet, Konzepte oder Praktiken zu erklären, die in Ihrer Kultur üblich, aber anderen nicht geläufig sind.

Durch die Umsetzung dieser Strategien können Sie sicherstellen, dass Ihre Interaktionen mit internationalen Teams effektiver und integrativer sind.

Beispiele:

Wie Sie es machen können

- **Setzen Sie visuelle Hilfsmittel ein:** In einem internationalen Umfeld können visuelle Hilfsmittel unglaublich effektiv sein. Wenn Sie beispielsweise eine neue Funktion eines Dienstes erläutern, sollten Sie Screenshots oder Diagramme verwenden. Visuelle

Informationen werden oft allgemeiner verstanden und verringern die Gefahr von Fehlinterpretationen.

- **Reale Situationen beschreiben:** Wenn Sie eine Funktion einer neuen Software oder den Ablauf eines neuen oder veränderten Prozesses beschreiben, nutzen Sie eine reale Arbeitssituation zur Beschreibung. Sie stellen so sicher, dass die Information relevant ist und im richtigen Kontext verstanden wird.

Was Sie vermeiden sollten

- **Vermeiden Sie Idiome und Slang:** Sätze wie „It's raining cats and dogs" oder „That idea bombed" werden von Nicht-Muttersprachlern oder Menschen aus anderen Kulturen möglicherweise nicht verstanden. Bleiben Sie bei einer einfachen und klaren Sprache, um sicherzustellen, dass Ihre Botschaft verstanden wird.

- **Ignorieren Sie kulturelle Feiertage nicht:** Achten Sie auf wichtige kulturelle oder nationale Feiertage in den Heimatländern und / oder Wohnorten Ihrer Teammitglieder. Planen Sie keine wichtigen Besprechungen oder Fristen für diese Zeiten. Dies zeugt nicht nur von Respekt vor den Traditionen, sondern stellt auch sicher, dass Ihr Team sich bei der Arbeit voll und ganz auf die anstehende Aufgabe konzentrieren kann.

II. Sprechen Sie ihre Sprache: 10 Tipps für die Erstellung klarer und verständlicher Inhalte

Als Redakteure und Redakteurinnen von Wissensartikeln ist es Ihre Aufgabe, komplexe Ideen so zu vermitteln, dass sie von Ihrem Publikum leicht verstanden werden. Hier sind zehn Tipps, die Ihnen helfen, klarere, leichter zugängliche Inhalte zu schreiben:

1. Verwenden Sie eine einfache Sprache: Vermeiden Sie komplizierte Wörter oder Fachjargon. Wenn ein einfacheres oder gebräuchlicheres Wort existiert, verwenden Sie es.

2. Kurze Sätze sind besser: Lange Sätze können schwer zu verstehen sein. Halten Sie Ihre Sätze kurz und auf den Punkt.

3. Verwenden Sie aktive Formulierungen: Aktive Formulierungen sind direkter und leichter zu verstehen. Schreiben Sie zum Beispiel statt „Der Server wurde vom Techniker neu gestartet" „Der Techniker hat den Server neu gestartet".

4. Seien Sie konkret: Zweideutigkeit kann zu Verwirrung führen. Seien Sie in Ihren Anweisungen und Erklärungen so genau und so nah am Anwendungsfall wie möglich.

5. Gliedern Sie sinnvoll: Zerlegen Sie komplexe Ideen in einfachere Konzepte und Abschnitte. Verwenden Sie Aufzählungspunkte oder nummerierte Listen, um die Informationen besser verdaulich zu machen.

6. Erklären Sie Fachbegriffe und Abkürzungen: Wenn Sie einen Fachbegriff oder eine Abkürzung verwenden müssen, erklären Sie es so, dass ihn auch ein Laie oder eine Laiin versteht.

7. Verwenden Sie visuelle Hilfsmittel: Bilder, Diagramme und Infografiken können eine Idee oft besser vermitteln als Worte.

8. Schreiben Sie persönlich: Schreiben Sie so, als ob Sie ein Gespräch mit dem Leser oder der Leserin führen würden. Dadurch wirkt der Inhalt persönlicher und ansprechender.

9. Wiederholen Sie wichtige Punkte: Wiederholungen können das Lernen verstärken. Zögern Sie nicht, wichtige Punkte zu wiederholen, insbesondere bei Lehrinhalten.

10. Holen Sie eine zweite Meinung ein: Lassen Sie Ihren Inhalt von einer anderen Person lesen, um sicherzustellen, dass er verständlich ist. Sie könnten verwirrende Punkte entdecken, die Sie übersehen haben.

Beispiele:

Wie Sie es machen können

- **Erklären Sie den Fachjargon:** Wenn Sie den Begriff „VPN" verwenden müssen, könnten Sie schreiben: „Ein VPN oder virtuelles privates Netzwerk ist ein Werkzeug, mit dem Sie Ihre Internetverbindung sichern und Ihre Identität online schützen können."

- **Verwenden Sie Bildmaterial:** Wenn Sie erklären, wie eine Funktion in einer Softwareanwendung verwendet wird, können Sie Screenshots einfügen, die die einzelnen Schritte zeigen, und mit Pfeilen oder Kreisen markieren, wo welche Aktion erforderlich ist.

Was Sie vermeiden sollten

- **Nicht zu kompliziert:** Vermeiden Sie es zu schreiben: „Um den Zeitpunkt des Auftretens festzustellen, müsste man eine gründliche   Untersuchung   der   Systemprotokolle durchführen." Schreiben Sie stattdessen: „Um herauszufinden, wann es passiert ist, prüfen Sie die Systemprotokolle. Die Systemprotokolle können Sie prüfen, indem..."

- **Vermeiden Sie unklare Verweise:** Schreiben Sie nicht „Vergewissern Sie sich, dass die Einstellung korrekt ist". Schreiben Sie stattdessen „Vergewissern Sie sich, dass die Einstellung 'Automatisches Speichern' auf 'Ein' gestellt ist". Seien Sie konkret, damit der Benutzer oder die Benutzerin genau weiß, was wie zu tun ist.

III. Bildsprache und Redensarten (Idiome) im internationalen Umfeld

Bildsprache und Idiome sind fest verankerte Bestandteile einer Sprache und Kultur. Sie transportieren oft tiefgründige Bedeutungen und emotionale Nuancen, die weit über ihre wörtliche Übersetzung hinausgehen. Im internationalen Kontext können sie jedoch zu Verwirrung, Missverständnissen oder sogar kulturellen Fehltritten führen.

Daher sollte man bei ihrer Verwendung im grenzüberschreitenden Kontext Vorsicht walten lassen und folgende Punkte beachten:

Kulturelle Unterschiede und emotionale Nuancen: Ein idiomatischer Ausdruck oder Bild, das in einer Kultur gut verstanden wird, könnte in einer anderen Kultur keinen Sinn ergeben oder sogar als beleidigend angesehen werden. Zum Beispiel kann das englische Idiom „to kill two birds with one stone" wörtlich übersetzt in anderen Sprachen zu Verwirrung führen.

Fehlinterpretation: Selbst, wenn ein Idiom direkt in eine andere Sprache übersetzt werden kann, besteht die Gefahr, dass es falsch interpretiert wird. Ein gutes Beispiel ist das deutsche Idiom „Tomaten auf den Augen haben", das im Englischen keinen direkten Sinn ergibt.

Übersetzung: Es ist oft schwierig, Idiome wortwörtlich zu übersetzen. Stattdessen sollten Sie bei der Übersetzung Ihrer Inhalte in andere Sprachen versuchen, die zugrunde liegende Bedeutung oder Absicht des Ausdrucks zu erfassen und in der Zielsprache entsprechend wiederzugeben. Bitten Sie Kolleginnen und Kollegen im Ausland, Ihre Übersetzung oder die eines Profis auf Verständlichkeit oder Angemessenheit zu prüfen. Erläutern Sie den Kolleginnen oder Kollegen, welche Absicht Sie mit einem Bild oder einer Redensart verfolgen oder verzichten sie ganz darauf. Es sei denn, es ist sicher, dass die Adressaten und Adressatinnen sie verstehen.

Empfehlungen

- **Recherche:** Vor der Verwendung von Idiomen oder bildlicher Sprache in einem internationalen Kontext informieren Sie sich gründlich über deren Bedeutung und mögliche Interpretationen in der Zielsprache.

- **Klare Kommunikation:** Im Zweifelsfall ist es immer besser, klar und direkt zu kommunizieren, anstatt auf bildliche Sprache oder Idiome zurückzugreifen.

- **Feedback:** Wenn möglich, sollten Sie Feedback einholen, um sicherzustellen, dass die gewählte Sprache oder das gewählte Idiom angemessen und verständlich ist.

- **Bildsprache und Idiome** sind kraftvolle Kommunikationsmittel. Sie sollten Sie jedoch mit Vorsicht und Bewusstsein für kulturelle Unterschiede im internationalen Kontext verwenden.

IV. Warum Sie nicht annehmen sollten, dass Nutzerinnen und Nutzer ihr eigenes Problem verstehen -und sie daher die Lösung von selbst finden können

Die IT-Welt ist gespickt mit Komplexität, Fachjargon und oft nicht-intuitiven Prozessen. Für diejenigen, die tief in der Materie stecken, mag vieles selbstverständlich erscheinen, doch für durchschnittliche Benutzerinnen und Benutzer oder gar jemanden, der ganz neu im Unternehmen ist, gilt dies selten. Ich möchte daher kurz beleuchten, warum es ein Problem darstellt anzunehmen, dass Benutzer und Benutzerinnen ihre eigenen Probleme vollständig verstehen, und warum sie nicht unbedingt die Lösung selbst oder auch nur den Weg zur Lösungsinformation finden.

Die Lücke zwischen Experten und Laien

Jeder Experte war einmal ein Anfänger. Jede „alte Häsin" war mal eine Berufseinsteigerin. Aber mit der Zeit und Erfahrung vergessen viele Experten und alte Häsinnen, wie es war, als sie die Grundlagen nicht kannten. Was für den Fachmann oder die Fachfrau offensichtlich ist, kann für Laien und Laiinnen ein Rätsel sein.

- **Expertenblindheit:** Mit wachsender Erfahrung tendieren Expertinnen und Experten dazu, bestimmte Informationen oder bestimmtes Wissen als gegeben oder offensichtlich zu betrachten, auch wenn sie dies für andere nicht sind. Ohne diese Erfahrung findet man sich im Informationsdschungel nicht ohne Weiteres zurecht.

- **Unterschiedliche Denkmodelle:** Während Expertinnen und Experten tiefgreifende, strukturierte Wissenskategorien haben und in etablierten Zusammenhängen denken, stehen Laien und Laiinnen oft fragmentierte oder ungenaue Kategorien zur Verfügung.

Das Problem, das nicht erkannt wird

Viele Benutzerinnen und Benutzer können nicht genau artikulieren, was ihr Problem ist, weil sie die technischen Details oder den Jargon nicht kennen. Dies führt oft zu vagen oder irreführenden Beschreibungen ihrer Probleme.

- **Mangelndes technisches oder Fach-Vokabular:** Ohne die richtigen Begriffe ist es schwierig, ein Problem genau zu beschreiben. Daher kann es einige Anläufe brauchen, um sich dem eigentlichen Problem und dessen Lösung anzunähern, wenn diese Begriffe unbekannt oder inhaltlich anders besetzt sind.

- **Fehlinterpretation von Symptomen:** Ein Benutzer oder eine Benutzerin könnte ein Symptom eines Problems bemerken, aber nicht die eigentliche Ursache erkennen.

Die Lösungssuche in der Informationsflut

Selbst wenn Benutzerinnen und Benutzer versuchen, nach Lösungen zu suchen, kann die schiere Menge an Informationen, die ihnen begegnet, überwältigend sein. Nicht alle diese Informationen sind zuverlässig, relevant oder verständlich.

- **Informationsüberflutung:** Zu viele Informationsquellen können den Suchprozess verkomplizieren. Es ist für eine IT-Abteilung wichtig, einen zentralen und allen bekannten (digitalen) Ort zu schaffen, an dem alle relevanten Informationen vorhanden oder zumindest verlinkt sind.

- **Irreführende oder falsche Ressourcen:** Nicht jede Information, die in internen Kanälen kursiert, ist korrekt oder aktuell, was zu weiterer Verwirrung führen kann. Unterziehen Sie Ihre Information daher einem regelmäßigen Reinigungs- und Aktualisierungsprozess, und achten Sie auf gute und eindeutige Kennzeichnung (Verfasserin/ Verfasser, Abteilung, Datum der Erstellung etc.).

Der Wert klarer Kommunikation

In einer Welt voller technischer Details kann klare, einfache Kommunikation den Unterschied zwischen Frustration und Zufriedenheit ausmachen.

• **Benutzerfreundliche Dokumentation:** Anleitungen und Hilfestellungen sollten in leicht verständlicher Sprache verfasst und gut organisiert sein.

• **Interaktive Hilfsmittel:** Tools wie Chatbots oder FAQ-Sammlungen (Sammlung häufig gestellter Fragen) können Benutzerinnen und Benutzern helfen, schnell Antworten auf ihre Fragen zu finden.

Die Bedeutung des Feedbacks

Es ist entscheidend, Rückmeldungen von den Benutzerinnen und Benutzern zu erhalten, um Kommunikationslücken zu identifizieren und zu schließen.

• **Feedback-Kanäle:** Ermöglichen Sie Benutzerinnen und Benutzern, einfach Feedback zu geben, sei es durch Umfragen, Kommentarsektionen oder direkte Kommunikationskanäle.

• **Kontinuierliche Verbesserung:** Nutzen Sie dieses Feedback, um Materialien und Kommunikationsstrategien stetig zu verbessern.

Das Verständnis für die Lücke zwischen IT-Experten und -Expertinnen und Benutzerinnen und Benutzern ist von zentraler Bedeutung. Indem Sie nicht voraussetzen, dass Benutzerinnen und Benutzer ihr Problem oder Ihre Lösung verstehen, und indem Sie klare, benutzerorientierte Kommunikation priorisieren, können Sie sicherstellen, dass Ihre IT-Produkte und -Dienstleistungen so zugänglich und effektiv wie möglich sind.

V. Wie eine gute Kommunikation der IT die Serviceorientierung unterstützt und deren Reifegrad steigert

Serviceorientierung im IT-Kontext bezieht sich auf die Fähigkeit der IT, als interner Dienstleister für interne Geschäftsbereiche oder sogar externe Kunden zu fungieren. Die Erwartungshaltung an eine solche Serviceorganisation ist, dass sie mit der Reaktionsfähigkeit, Qualität und Effizienz handelt, die man von einem erstklassigen Dienstleistungsunternehmen erwarten würde. In dem Maße, wie die IT in diesem serviceorientierten Ansatz reift, wird ihre Effektivität bei der Erfüllung von Geschäfts- und Kundenanforderungen zu einem entscheidenden Faktor. Die richtige Kommunikation spielt bei diesem Wandel eine entscheidende Rolle. Und so geht's:

Erwartungen setzen und steuern

Eine wirksame Kommunikation ist entscheidend für die Schaffung klarer Erwartungen. Wenn beispielsweise eine Geschäftseinheit eine neue Softwareintegration anfordert, kann die IT-Abteilung die Anforderungen, die potenziellen Herausforderungen und den Zeitplan umreißen. Auf diese Weise stellt die IT-Abteilung sicher, dass die Geschäftsseite die Komplexität versteht und entsprechend planen kann.

Beispiel:

Ein Marketingteam möchte ein neues Kundenportal einführen und bittet die IT-Abteilung um Unterstützung. Durch klare Kommunikation gibt die IT-Abteilung einen realistischen Zeitplan vor, zählt mögliche Herausforderungen auf und bietet Alternativen an. Das Marketingteam, das nun ein klares Bild hat, kann seine Einführungsstrategie anpassen, was ein abgestimmtes Vorgehe gewährleistet und Frustrationen in letzter Minute verhindert.

Feedback-Schleifen und kontinuierliche Verbesserung

In einer dienstleistungsorientierten Einrichtung ist Feedback Gold wert. Effektive Kommunikationskanäle bedeuten, dass die IT-Abteilung nicht nur Dienste bereitstellt, sondern auch aktiv nach Feedback sucht und darauf reagiert, um sicherzustellen, dass sich die Dienste weiterentwickeln und im Laufe der Zeit besser auf die Bedürfnisse der Benutzerinnen und Benutzer abgestimmt werden.

Beispiel:

Nach der Einführung einer neuen unternehmensweiten Software führt die IT-Abteilung Feedback-Sitzungen mit verschiedenen Abteilungen durch. Dabei stellt sich heraus, dass die Software zwar funktional ist, die Benutzeroberfläche für bestimmte wichtige Aufgaben jedoch nicht intuitiv ist. Aufgrund dieses Feedbacks arbeitet die IT-Abteilung mit dem Softwarehersteller zusammen, um die notwendigen Anpassungen vorzunehmen, die zu einer benutzerfreundlicheren Erfahrung führen.

Proaktive Problemlösung

Eine ausgereifte, serviceorientierte IT-Abteilung reagiert nicht nur auf Probleme, sondern sieht sie voraus. Durch die effektive Kommunikation potenzieller Risiken, Ausfallzeiten oder System-Upgrades kann die IT-Abteilung minimale Unterbrechungen und eine bessere Vorbereitung auf Seiten der Benutzerinnen und Benutzer sicherstellen.

Beispiel:

Die IT-Abteilung wird auf eine potenzielle Sicherheitslücke in einer weit verbreiteten Anwendung aufmerksam. Anstatt auf eine

Sicherheitsvorfall zu warten, informiert die IT-Abteilung die Beteiligten proaktiv über das Problem, stellt Richtlinien für die vorübergehende sichere Nutzung bereit und arbeitet an einer Lösung. Dieser präventive Ansatz minimiert das Risiko und unterstreicht das Engagement der IT für die Servicequalität. (Der hier geschilderte Fall erfordert besonders großes Fingerspitzengefühl und eine sehr gute interne Abstimmung.)

Wenn die IT ihren Reifegrad in der Serviceorientierung erhöhen muss oder möchte, bildet die richtige Kommunikation das Rückgrat. Sie verwandelt die IT von einer reinen Supportfunktion in einen proaktiven, kooperativen und wertorientierten Partner innerhalb des Unternehmens, der sicherstellt, dass sowohl das Unternehmen als auch die Kunden von effizienten, zuverlässigen und zeitnahen IT-Services profitieren.

VI. Wie eine gute Kommunikation in Verbindung mit einer effektiven Benutzerschulung den Ertrag einer Investition in neue Software realisiert. Ein Brief

Sehr geehrte IT-Leiterinnen und IT-Leiter und geschätzte Geschäftsführungen,

die Investition in Ihre neue Software ist sowohl in finanzieller als auch in betrieblicher Hinsicht ein erheblicher Aufwand und erfordert Engagement. Der Erfolg einer solchen Investition wird jedoch nicht nur durch die Leistungsfähigkeit der Software garantiert, sondern auch dadurch, dass die Software im gesamten Unternehmen angenommen und sachkundig genutzt wird. Hier kommt die doppelte Power von effektiver Kommunikation und Benutzerschulung ins Spiel:

Maximierung der Software-Nutzung

Egal, wie fortschrittlich ein Softwaresystem ist, es ist nur so wertvoll wie seine Nutzungsrate und korrekte Anwendung. Effektive Kommunikation macht die Benutzerinnen und Benutzer mit der Software vertraut und bringt Ihnen die Vorteile und die Relevanz für ihre Aufgaben und ihren Arbeitsalltag nahe. Gepaart mit praktischer Schulung gehen die Benutzerinnen und Benutzer über von der bloßen Kenntnis zur aktiven, kompetenten Nutzung.

Beispiel: Nehmen wir ein neues Customer Relationship Management (CRM) System. Wenn Sie vermitteln, dass dieses CRM-System Kundeneinblicke in Echtzeit bietet und die Aufgabenverwaltung vereinfacht, wecken Sie das Interesse Ihrer Mitarbeiterinnen und Mitarbeiter. Eine anschließende, praxisnahe Schulung zu den Funktionen stellt sicher, dass die Vertriebsteams das System täglich nutzen, um die Lead-Konvertierung zu maximieren und die Abläufe zu optimieren.

Beschleunigung der Akzeptanz

Der Widerstand gegen Veränderungen ist eine natürliche menschliche Reaktion. Eine neue Software unterbricht oft die etablierten Arbeitsabläufe, was zu Unsicherheiten und Ängsten führt. Eine klare Kommunikation, die die Vorteile und die langfristige Vision darlegt, in Verbindung mit Schulungen, erleichtert diesen Übergang von „alt" zu „neu". Wenn die Mitarbeiterinnen und Mitarbeiter das „Warum" hinter der Veränderung verstehen und sich in der Lage fühlen, das „Wie" zu beherrschen, steigt die Akzeptanz schneller.

Beispiel: Die Einführung eines neuen Bestandsverwaltungssystems in einer großen Produktionseinheit könnte zunächst auf Widerstand stoßen, weil es als zu komplex empfunden wird. Eine gut vermittelte Botschaft, in der die Fähigkeit und Notwendigkeit zur Verringerung von Verschwendung hervorgehoben wird, in Verbindung mit Schulungen, in denen die Funktionen aufgeschlüsselt werden, wird die Integration des Systems in den täglichen Betrieb beschleunigen.

Verringerung von Supportkosten und Ausfallzeiten

Ein häufiger Nebeneffekt der Einführung einer neuen Software ist der Anstieg von Benutzeranfragen, der das IT-Supportteam oft überfordert und zu erheblichen Verzögerungen oder gar Geschäftsunterbrechungen führt. Indem wir proaktiv über potenzielle Herausforderungen oder gar Übergangslösungen informieren und umfassende Schulungen anbieten, können wir diese Belastung drastisch reduzieren. Gut informierte und geschulte Benutzerinnen und Benutzer haben weniger Probleme, was zu weniger Supportanfragen und minimalen Betriebsausfällen führt.

Beispiel: Die Implementierung eines neuen Cloud-basierten Systems kann zu zahlreichen Fragen über Datenmigration, Zugriffskontrollen und Dateifreigabe führen. Eine anfängliche Kommunikationskampagne, die diese Bedenken aufgreift, die gewählte Herangehensweise aufzeigt, gefolgt von Schulungsworkshops, kann die Flut von Anfragen reduzieren, so dass sich die IT-Abteilung auf wichtige Supportaufgaben konzentrieren kann.

Die Einführung einer Software kann zwar eine Bereicherung und Innovation darstellen, die Rentabilität hängt jedoch erheblich vom menschlichen Faktor ab. Indem Sie dafür sorgen, dass Ihre Teams das Potenzial der Software nicht nur verstehen, sondern auch nutzen können und wollen, stellen Sie sicher, dass sich Ihre Investition in greifbaren, unternehmensweiten Vorteilen niederschlägt. Denken Sie daran: Software dient dem Unternehmen, aber nur dann, wenn das Unternehmen weiß, wie es sich mit dieser Software selbst helfen und einen Wettbewerbsvorteil verschaffen kann.

Mit freundlichen Grüßen

Ihre IT-Kommunikationsberaterin

Über die Autorin

Als IT-Kommunikationsexpertin berät Sandra Aengenheyster seit mehr als 10 Jahren Konzerne und innovationsorientierte Mittelständler bei der Umsetzung großer Vorhaben. In Transformations-, Rollout- und Veränderungsprojekten sowie in der Informationssicherheit sorgt sie bei ihren Mandantinnen und Mandanten für eine klare Kommunikation und Ergebnisse.

Portfolio Sandra Aengenheyster:

- **Wirkungsvolle Cyber-Security Awareness**
  Maßgeschneiderte, umsetzungsfertige Konzepte für Ihre Cyber-Security-Awareness-Kampagne

- **Krisenkit Kommunikation für Cyber-Security**
  Cyber-Sicherheit und Kommunikation - ein eingespieltes Team für den Ernstfall vorbereiten und trainieren

- **IT-Rollout und Kampagnen**
  Professionelle und nachhaltige Kommunikation für die erfolgreiche Einführung neuer Software und/ oder Prozesse

Sandra Aengenheyster hat 20 Jahre Erfahrung im Management von meist internationalen Teams. Vor ihrer Selbständigkeit steuerte und optimierte die evangelische Diplomtheologin mit Executive MBA in International Management u.a. mehrere operative Dienstleistungseinheiten eines DAX-Konzerns.

Bildquelle Cover: Adobe Stock, MP Studio